董陽孜・題字
許培鴻・攝影

白先勇的文學創作，對戰後台灣社會特殊階層人物，充滿人性關懷，作品融入古典小說與西方現代小說的精髓，具有原創性與藝術性，允為台灣現代文學的典範。另外，與文學同儕創辦的《現代文學》雜誌，引介西方現代思潮，鼓勵文學創作，對台灣文學發展有一定的影響。

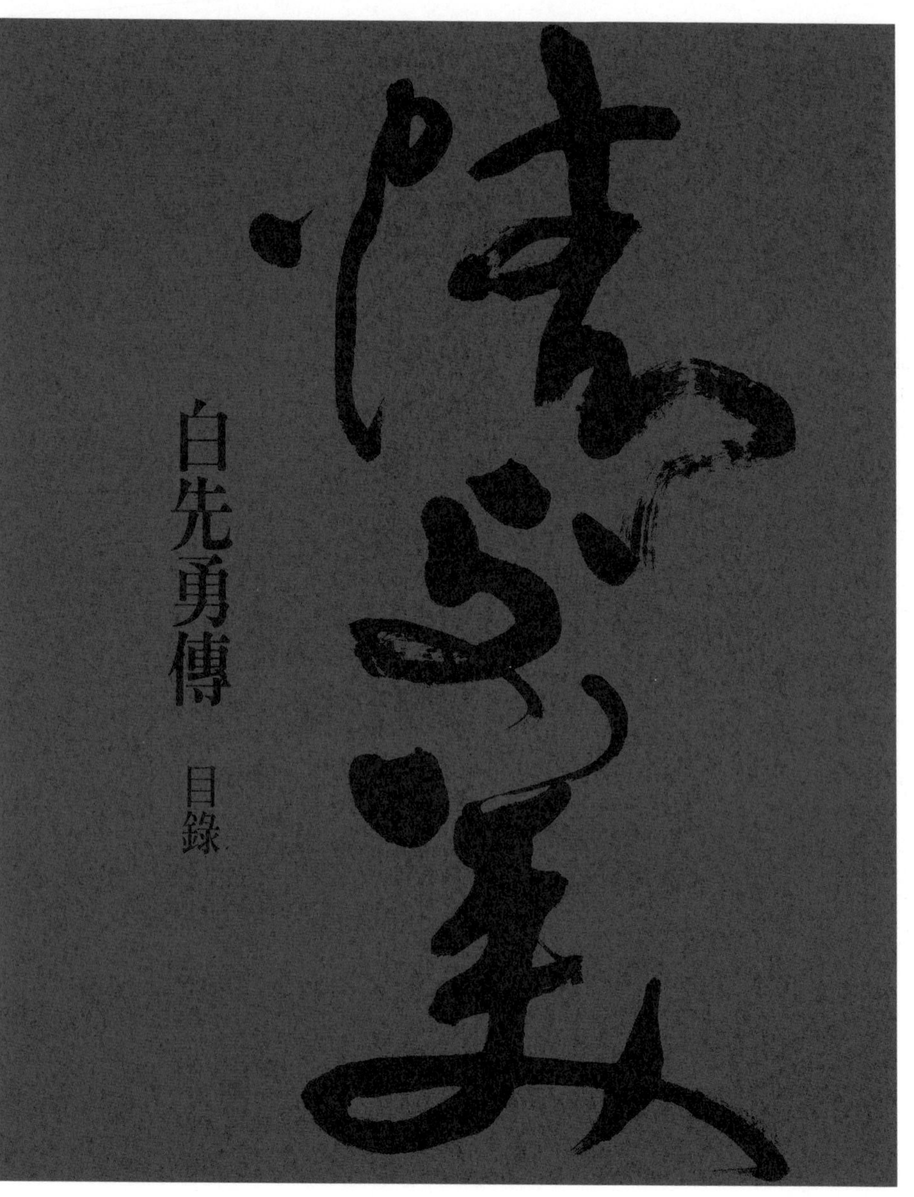
白先勇傳
目錄

◆引子 033
◆源頭 035

第一章◎大陸、香港時期
桂林（一九三七～一九四四） 038
重慶（一九四四～一九四五） 042
南京—上海—武漢—廣州（一九四五～一九四九） 045
香港（一九四九～一九五二） 052

第二章◎臺灣時期
建國中學（一九五二～一九五六） 058
成功大學（一九五六～一九五七） 063
臺灣大學（一九五七～一九六一） 067
《現代文學》雜誌（一九六〇～一九七三） 072
《現代文學》週年慶（一九六一年三月） 083
早期創作（一九五八～一九六二） 089
至友生病（一九六〇年七月） 094
母親去世（一九六二年十二月） 097
赴美留學（一九六三年一月） 101

第三章◎美國時期（上）
愛荷華大學（一九六三～一九六五） 108
「海外中國人」系列小說（一九六四～一九六五） 126

任教加州大學（一九六五～一九九四）　141
《臺北人》（一九六五～一九七一）　149
父親去世（一九六六年十二月）　159
六、七十年代的文學批評（一九六七～一九七八）　169
安居樂業（一九七三年三月）　180
《現代文學》停刊（一九七三年九月）　185

第四章◎美國時期（中）

《孽子》（一九七一～一九八三）　194
《現代文學》復刊（一九七七～一九八四）　208
《夜曲》和《骨灰》（一九七九～一九八六）　213
舞台劇《遊園驚夢》（一九八二年八月）　216
明姊去世（一九八二年十月）　229
多種藝術形式的「變體」（一九七九～二〇〇六）　233
「世界語」「交響樂」（一九六一～二〇〇六）　242
《現代文學》終刊（一九八四年一月）　247

第五章◎美國時期（下）

散文創作（一九七六～二〇〇二）　254
八十年代以後的文學批評（一九七九～二〇〇二）　264
文化反思（一九七六～二〇〇七）　274
大陸「新感覺」（一九八七～一九八八）　281
重刊《現代文學》（一九九一年十二月）　291

王國祥去世（一九九二年八月） 294
提前退休（一九九四年九月） 301

第六章◎太平洋兩岸時期

世界華文文學經典（一九九九年） 308
關懷愛滋：文學書寫與社會參與（二〇〇〇～二〇〇四） 314
「白先勇衝擊波」（二〇〇三年） 321
香港半生緣（一九四九～二〇〇七） 328
兩度獲獎（二〇〇三～二〇〇四） 338
崑曲之旅六十年（一九四六～二〇〇七） 342
青春版崑曲《牡丹亭》的製作歷程（二〇〇二～二〇〇四） 351
百場青春版崑曲《牡丹亭》演出史（二〇〇四～二〇〇七） 363
青春版崑曲《牡丹亭》的意義和價值（二〇〇二～二〇〇七） 376
《紐約客》（一九六五～二〇〇三） 388
藝術與人生：一個是「情」，一個是「美」（一九三七～　） 393

◆尾聲 405
◆附錄：文學創作：個人・家庭・歷史・傳統——訪白先勇 407
白先勇創作年表 433
參考書目 439
◆後記 441

幼時在上海對崑曲「園林」的最初體驗，使「如許」的「春色」，在白先勇心裡紮下了根。（許培鴻攝影）

位於美國聖塔·芭芭拉的家，既是白先勇數十年來教學、創作的基地，也是退休後養性怡情的好處所。（許培鴻攝影）

凝視好友奚淞的畫作。（許培鴻攝影）

在美國教書時，不但授課內容豐富生動，白先勇平易近人的個性及熱忱，也讓學生留下深刻印象。（許培鴻攝影）

客廳玄關處珍藏的古董、字畫。（許培鴻攝影）

聖塔・芭芭拉家中庭院的柏樹偉岸嶔崎，氣勢懾人。（許培鴻攝影）

1994年自加州大學聖塔・芭芭拉校區退休後，園中的茶花（佛茶）、杜鵑有了主人的呵護與栽培，春色滿園。（白先勇提供）

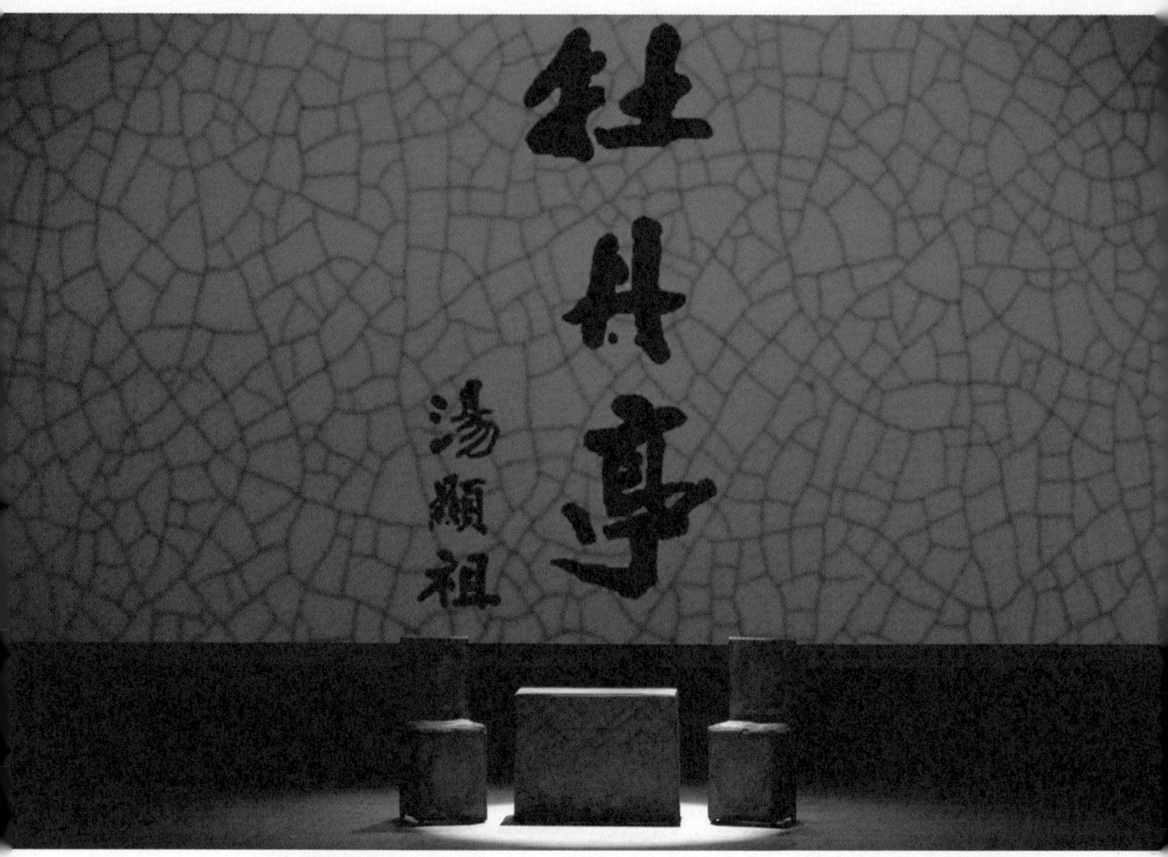

比起傳統舞台上的「一桌一椅」，青春版《牡丹亭》的舞台，簡潔中多了一分靜雅氣韻。
（許培鴻攝影）

青春版《牡丹亭》不僅成為文化時尚，也寫下崑曲歷史新頁。（許培鴻攝影）

台上水袖翻飛，台下如醉如癡。（許培鴻攝影）

兩位主角俞玖林（上圖）、沈豐英（下圖）在白先勇的精心打造下，創造了當代藝術審美新典型。（許培鴻攝影）

2006年9月，於美國加州大學爾灣校區謝幕時，觀眾起立熱烈鼓掌，久久不散。
（許培鴻攝影）